The Conflict Resolution Library™

Dealing with Teasing
Qué hacer con las burlas

Lisa K. Adams

Traducción al español:
Mauricio Velázquez de León

PowerKiDS press™ & **Editorial Buenas Letras**™
New York

Published in 2008 by The Rosen Publishing Group, Inc.
29 East 21st Street, New York, NY 10010

Copyright © 1997, 2008 by The Rosen Publishing Group, Inc.

All rights reserved. No part of this book may be reproduced in any form without permission in writing from the publisher, except by a reviewer.

First Bilingual Edition

Book Design: Lissette González

Photo Credits: Cover by Seth Dinnerman, p. 16 Shutterstock.com, and all other photo illustrations by Seth Dinnerman.

Cataloging Data

Adams, Lisa K.
Lisa K. Adams / Dealing with teasing ; traducción al español: María Cristina Brusca.

  p. cm. – (Conflict Resolution Library/Biblioteca solución de conflictos)
Includes index.
  ISBN-13: 978-1-4042-7663-5 (library binding)
  ISBN-10: 1-4042-7663-7 (library binding)
1. Teasing-Juvenile literature. 2. Spanish language materials [1. Teasing.]
I. Title. II. Series.

Manufactured in the United States of America

Contents

Different Kinds of Teasing   5
You're Not Alone   10
What to Do About Teasing   18
You Are Special   22
Glossary   23
Index   24

Contenido

Diferentes burlas   5
No estás solo   10
¿Qué hacer con las burlas?   18
Tú eres especial   22
Glosario   23
Índice   24

People tease each other for many reasons. Some tease to show **affection**. Some people tease to **communicate**. A girl might gently tease a shy classmate to get to know him better. But sometimes playful teasing can hurt.

Las personas se hacen burlas por muchas razones. Algunas se burlan para demostrar **afecto**. Otras, para **comunicarse**. Una chica puede hacerle burlas a un chico tímido de su clase para llegar a conocerlo mejor. Pero, a veces, las burlas pueden hacer daño.

Playful teasing can be fun. But the fun only lasts as long as the teaser and the person being teased are both enjoying it. When the person being teased stops having fun, then playful teasing can easily turn into **cruel** teasing.

Las bromas pueden ser divertidas. Pero solamente lo son mientras el que hace las burlas y el que las recibe las disfruten. Cuando la persona que recibe la burla ya no se divierte, la burla puede convertirse, fácilmente, en una broma **cruel**.

Cruel teasing can hurt people's feelings. Teasing can also affect people in other ways. Some kids are teased so badly they become angry. Sometimes they believe the awful things that others say about them.

Las burlas crueles hacen sufrir a las personas. También afectan sus sentimientos de otras formas. Algunos chicos que reciben burlas muy crueles viven siempre enfadados. A veces, llegan a creer que las cosas malas que se dicen de ellos son ciertas.

Everyone gets teased in a mean way at one time or another. Students who get good grades are teased right along with those who don't get such good grades. Overweight children share the pain of being teased just as much as kids who are very thin.

Todos recibimos burlas crueles en algún momento. Todos los alumnos reciben bromas, los que tienen buenas notas y aquellos que no las tienen. Los chicos excedidos de peso sufren, junto con los chicos muy delgados, las burlas de los otros chicos.

Some kids use teasing to make other people feel bad. Usually, the cruel teaser is unsure of himself. Someone who teases you in a mean way usually doesn't feel very good about himself. To protect himself, he will try to make others look bad.

Algunos chicos usan las burlas para que la gente se sienta mal. Por lo común, el bromista cruel es inseguro. El bromista se burla de ti de una manera cruel porque se siente mal consigo mismo. Para protegerse trata de que otros luzcan mal.

Sometimes a nice person may tease others. This person was probably teased in the past. Being teased hurt her feelings so much that she doesn't ever want it to happen again. When she sees someone else being teased, she is glad that she is not the target anymore.

A veces, una persona amable se burla de otras. Es probable que se hayan burlado de ella en el pasado. Las burlas han herido sus sentimientos y no quiere que esto le vuelva a ocurrir. Cuando ve que se burlan de otra persona, se pone contenta de no ser el objeto de la broma.

Have you ever teased someone at school, knowing that it hurt her feelings? Many kids have done this at one time or another. If you tease someone else, try to remember how you felt when you were teased. Do you want someone else to feel the same way you did?

¿Alguna vez te has burlado de alguien en la escuela sabiendo que herías sus sentimientos? Muchos chicos lo han hecho en alguna ocasión. Cuando te burles de alguien, trata de recordar cómo te sientes cuando otros se burlan de ti. ¿Quieres que alguien sienta lo mismo que has sentido tú?

The best thing to do about someone who teases you is to **ignore** him. He wants to see you hurting so he can feel better about himself. Don't let him get what he wants.

Lo mejor que puedes hacer cuando alguien se burle de ti es **ignorarlo**. El bromista quiere verte sufrir para poder sentirse bien consigo mismo. No se lo permitas.

Teasing hurts. Some people might tell you to ignore your feelings. But it's important to **recognize** how you feel. If you are being teased, it's okay to be upset. You can talk to someone about how you feel. An adult you trust can help you talk about your feelings.

Las burlas hacen sufrir. Quizás, algunas personas, te aconsejen que ignores tus sentimientos. Pero, es muy importante que **reconozcas** cómo te sientes. Cuando alguien se burla de ti, es natural que te sientas aflijido o enfadado. Puedes contarle a alguien cómo te sientes. Un adulto en quien confías te ayudará a hablar de tus sentimientos.

You are an important person. Your family and friends know that. And you have things about you that are special. You can handle teasing. The best way to battle teasing is to focus on the good parts of yourself. If you feel good about yourself, what others say won't matter very much.

Tú eres una persona muy importante. Tu familia y tus amigos lo saben. Dentro de ti hay cosas muy especiales. Tú puedes defenderte de las burlas. Concéntrate en tus partes buenas; ésa es la mejor manera de enfrentarte a las burlas. Si te sientes bien contigo mismo, lo que otros digan no tendrá importancia.

Glossary

affection (uh-FEK-shun) Friendliness or love toward someone or something.
communicate (kuh-MYOON-ih-kayt) Letting others know what you are feeling and thinking.
cruel (CROOL) Very mean.
ignore (IG-nor) To pay no attention to.
recognize (REK-ug-nyz) Be aware of.

Glosario

afecto (el) Amistad o cariño hacia alguien o algo.
comunicar Hacer saber a otros lo que sientes y piensas.
cruel Algo muy malo que provoca sufrimiento.
ignorar No prestar atención.
reconocer Darse cuenta, advertir algo.

Index

A
affection, 5
adult, trusting, 21

C
communication, 5

F
feelings,
   ignoring, 21
   recognizing, 21
   talking about, 21
   unsure, 13

T
target, 14
teasing
   cruel, 6, 9
   playful, 6
   as protection, 13

Índice

A
adulto, confianza en un, 21
afecto, 5

B
burla
   como protección, 13
   cruel, 6, 9
   divertida, 6

C
communicación, 5

O
objeto de, 14

S
sentimientos,
   hablando de, 21
   ignorar, 21
   inseguro, 13
   reconocer, 21